AF295633

OBSERVATIONS

PRÉSENTÉES

A L'ASSEMBLÉE NATIONALE,

PAR M. BARÈRE DE VIEUZAC,

DÉPUTÉ DU BIGORRE,

Sur la nécessité de faire de ce pays d'états un département, dont la ville de Tarbes soit le chef-lieu.

UN décret de l'assemblée nationale autorise MM. les députés à se rendre au comité de constitution, lorsqu'il s'occupera du projet de division en départemens & en districts des pays dont ils sont les députés, pour y faire les observations convenables aux intérêts de leurs commettans.

C'est en vertu de ce décret que j'ai paru au mois de novembre dernier au comité de constitution avec M. Dupont, mon collègue, pour y prouver la nécessité d'établir en Bigorre un département dont la ville de Tarbes soit le chef-lieu, & par conséquent sur la nécessité

A

d'annexer au pays de Bigorre une certaine quantité de pays voisins, & principalement ceux qui en étoient autrefois des dépendances.

Cette prétention ayant éprouvé des difficultés de la part des députés des pays circonvoisins, la séance fut renvoyée à un autre jour, pour tâcher de s'accorder sur le nombre, l'étendue & les limites des départemens, qu'il convient d'établir depuis & compris le pays de Labour jusqu'au pays de Foix exclusivement.

Nous renouvellâmes, mon collègue & moi dans cette conférence, avec une nouvelle énergie, les observations faites en faveur du Bigorre dans la première séance. Les débats furent longs dans cette seconde conférence, & ne purent pas se terminer; il en a fallu une troisième le 15 décembre, dans laquelle j'ai redoublé d'efforts pour le succès des justes prétentions du Bigorre.

Et comme il m'importe infiniment que le comité & l'assemblée nationale aient sous les yeux nos observations multipliées, quand il s'agira de prendre un parti ultérieur sur la division de cette partie méridionale du royaume, j'ai cru devoir les rédiger par écrit & les faire imprimer, pour faire bien connoître & le vœu ardent de mes commettans, & les solides motifs qui rendent ce vœu digne des égards de l'assemblée.

C'est une grande vue, sans doute, de diviser le royaume en quatre-vingt portions à-peu-près égales en surface, sous le nom de *département*, afin que chacune de ces divisions puisse être représentée à-peu-près également dans l'assemblée nationale.

Mais il ne faut pas oublier qu'en faisant cette sage disposition, l'assemblée a voulu que, quand il le faudroit, on respectât jusqu'à un certain point les limites des provinces actuelles, les convenances locales & les habitudes commerciales des peuples.

C'est cette sage disposition que j'invoque aujourd'hui comme député du pays de Bigorre.

Ce pays a toujours été un pays d'états. C'est dans la ville de Tarbe, sa capitale, que se tient tous les ans l'assemblée des états de la province. Quelque vicieuse que soit leur organisation, ils ont du moins administré les finances du pays, réparti ses impôts, & l'ont toujours maintenu dans une parfaite indépendance de ses voisins. Il seroit comme impossible à ses habitans, autant par la force des habitudes que par l'empire des localités, de vivre dans la dépendance d'un pays voisin quel-

conque ; & la douce habitude de se gouverner
eux - mêmes qu'ils ont contractée depuis tant
de siècles, ne leur permettroit jamais de s'ac-
coutumer à un régime étranger.

Si ce pays, dans son état actuel, est trop
petit pour former lui seul un département, il
convient de l'aggrandir : mais il seroit très-
inique de n'en faire que des districts dépendans
d'une ville étrangère qui seroit le chef - lieu
du département.

Tarbes est une des plus agréables villes de
la troisième classe. Elle a un évêché considérable, un chapitre nombreux & bien doté, un
très-grand collège toujours rempli avec distinc-
tion par les prêtres de la doctrine chrétienne,
un beau séminaire, une sénéchaussée assez nombreuse, qui étoit au moment de reprendre son
ancienne dignité de présidial, une prévôté de
maréchaussée, une maîtrise d'eaux & forêts,
un commandant militaire, deux subdélégués,
une municipalité privilégiée, qui joint la police
à la jurisdiction criminelle, par un usage plus
ancien que Rome, des manufactures de papier,
de poterie, de cuirs, de fer & de toiles
dont la dernière est d'autant plus considérable,
qu'elle occupe séparément un très-grand nombre d'individus. La ville de Tarbes a encore de
grands moyens d'établir des manufactures pou-

velles & de grandes branches de commerce ;
pour comble d'avantages, elle est dans une
situation délicieuse, au milieu d'une plaine
abondamment arrosée, agréablement variée
dans ses productions & aussi riante que fertile.
Cette ville singulière est le centre d'où partent
comme autant de rayons, huit grandes routes,
peut-être les plus belles du royaume. Elle est
traversée par trois canaux considérables. Elle
a autour d'elle six villes toutes à la distance de
trois lieues. Tous les quinze jours, il se rend
à ses marchés, de tous les côtés & de très-loin,
un peuple immense qui surpasse la foule de la
plupart des foires annales du royaume. Trois
couvens de religieux mendians y possèdent des
emplacemens précieux dont l'aliénation fera une
partie sensible des ressources de la nation ;
un couvent de religieuses ursulines, élève avec
soin les jeunes personnes de la province.

Oui, ce seroit un meurtre politique de dégrader une telle ville, au point de n'en faire
que le misérable chef-lieu d'un district, & de
la dépouiller, de la ruiner, de l'avilir en proportion de ce que la nature lui auroit pro-
digué de bienfaits.

Si aux agrémens de cette ville on ajoute
les beautés du sol du pays entier de Bigorre,
on verra cette province parfaitement assor-

tie à la capitale, présenter une masse d'avantages très-imposante qui en fait une portion
vraiement distinguée de cet empire.

Ce pays enchanteur & qui fait l'admiration
de l'étranger, a deux parties très-différentes
& dont chacune a un mérite rare & ses beautés particulières. L'une est une grande portion
des Pyrénées dans leur plus grande hauteur;
l'autre est une plaine vaste qui, on ose le dire,
n'a pas son égale en agrémens dans la France
entière.

Rien n'est aussi pittoresque que la partie
des Pyrénées qui dépend du Bigorre, & ce qui
est plus intéressant encore, la nature n'est
nulle part aussi riche, ni aussi majestueuse
que dans cette chaîne de grandes masses qui
percent les nues; des torrens se précipitent
de toutes parts, & après avoir couvert une
partie de ces monts de la plus riante verdure,
vont fertiliser la plaine. Par-tout s'offrent aux
yeux de l'amateur des trésors de botanique,
& des débris de notre globe usé par les temps,
qui portent l'empreinte de ses révolutions. Certaines montagnes présentent des mines précieu-
ses qui ne demandent que des bras; d'autres
présentent des carrières de marbre énormes que
la terre semble avoir jettées hors de ses en-
trailles, pour en rendre l'exploitation plus

facile, & pour embellir l'Europe entière. Ici
c'est de l'ardoise pour vingt grandes cités;
là, d'immenses forêts de sapin fournissent à
la province entière, sa provision de planches,
de bois de charpente & de chaux; là, d'in-
nombrables granites roulés par les eaux vont
former au loin des murs, des bâtimens
champêtres & des villes entières. On y voit des
bestiaux en foule qui servent à réparer les pertes
de la plaine ou les ravages de la consommation.
Les laines y sont fabriquées dans l'hiver par
les mêmes mains qui, dans l'été, ont fait la
toison; des fleuves de lait se transforment en
beurre & en fromage pour l'aliment non-
seulement du pays, mais des villes de Tou-
louse & de Bordeaux: on ne se lasse pas d'y
contempler un peuple pasteur, qui rappelle
avec attendrissement les mœurs antiques.

Dans un petit espace naissent les quatre amas
célèbres des sources minérales de Baréges, de
Bagnères, de Saint-Sauveur & de Cauterets, qui
attirent tous les ans un nombre infini d'étrangers,
& avec eux un numéraire vivifiant, seul capable
de suppléer les ressources du commerce. Des
routes étonnantes & dignes des Romains, tra-
cées au travers des roches escarpées, & au
dessous de cent précipices épouventables, in-
vitent les carrosses les plus lourds à élever

avec sûreté les malades à des hauteurs aupa-
ravant inaccessibles.

Quoi ! on pourroit confier à des étrangers une
administration aussi importante, aussi pénible,
aussi dispendieuse & qui exige l'attention la plus
vigilante & l'activité la plus soutenue ! Quoi !
tant de richesses, tant de moyens de subsistance
pour les habitans du Bigorre pourroient être
remis entre les mains d'une autre ville que
Tarbes, & pour laquelle tant d'intérêts seroient
étrangers, ou qui auroit peut-être un intérêt
direct à les contrarier. Quoi ! des opérations
urgentes auxquelles pouvoit suffire à peine le
zele attentif des états de Bigorre, & l'infati-
gable surveillance de la commission intermé-
diaire, pourroient être abandonnées à l'indif-
férence apatique, à la lenteur des délibérations,
peut-être aux négligences affectées & à la jalouse
rivalité d'une assemblée de département éloignée de nos montagnes !

Il n'est pas d'année où la fonte des neiges
& les pluies de l'automne, ne dégradent le
fameux chemin de Barèges. Il y a dans ce
moment des réparations à faire pour la somme
vraiment énorme de 300 mille livres.

Seroit-ce à une administration étrangère ou
éloignée, que l'on pourroit avec sûreté confier

la furveillance & l'adminiftration de cet objet qui intéreffe le royaume entier ?

L'établiffement de Barèges eft menacé d'une deftruction entière par les lavanges, & s'il eft livré jamais à une adminiftration qui ne foit pas toujours préfente, toujours active, comme la nôtre, c'eft-là un établiffement perdu.

Croit-on que le Béarn voulût donner fa part des cents mille écus, pour réparer les chemins de ces eaux minérales & nos ponts ? Croit-on qu'il voulût payer nos dettes & nous les fiennes ?

Seroit-ce encore à une ville éloignée de la plaine de Bigorre, que pourroit être confié le foin perpétuel de veiller aux écarts fréquents d'un torrent qui coulant fur la furface des terres, les arrofe avec facilité, mais qui, en même temps, ne ceffe de les menacer des ravages du débordement & les dégrade chaque année.

Quel déchet le Bigorre ne pourroit-il pas éprouver dans fon commerce de vins, de grains de toute efpèce, de papier, de cuirs, de po-terie, de toile & de beftiaux, fi ceux-là mêmes qui ont à craindre cette concurrence, pouvoient un jour avoir une influence prépondérante dans les délibérations néceffaires au maintien de ces grandes reffources du Bigorre !

Dans les grands pays d'état, combien de cantons

ont été la victime des préférences données par
des délibérations à d'autres pays plus favorisés ?
& qui peut prévoir jusqu'où la concurrence
de nos voisins, ou une opposition d'intérêts
pourroit nuire aux ressources commerciales
du comté de Bigorre ?

En un mot, il est peu de pays formés comme
celui-là, pour faire lui seul un tout isolé &
indépendant de ceux qui l'entourent. Il vend
ses vins au Béarn, ses bleds, ses papiers, son
beurre, ses cuirs, ses bestiaux, son fer à tous
les pays d'alentour, ses mulets à l'Espagne,
ses chevaux à toute la France, ses eaux minérales aux malades de l'Europe entière ; &
pour ses besoins particuliers, à peu de chose
près, il se suffit à lui-même.

Que le fisc n'aille pas pour cela imaginer
qu'il peut encore augmenter les impôts dans un
pays qui en est déjà écrasé, au point que la
perception en est par-tout pénible, & en mille
endroits comme impossible. En jettant un œil
avide sur les ressources de cette contrée, il les
a exagérées à ses propres yeux, de manière à
excéder atrocement la proportion du subside
avec les richesses. Le fisc, le barbare fisc n'a voulu
voir que nos ressources ; il a fermé les yeux sur
nos calamités périodiques, désastres affreux,
par lesquels la nature nous retire d'une main

les biens qu'elle nous prodigue de l'autre. Des
lavanges effroyables, des innondations dévasta-
trices, causées par la subite fonte des neiges,
des grèles ruineuses, qui détruisent tous les
ans, au moment de la moisson, dans le quart
au moins du territoire de Bigorre, l'espérance
du laboureur & du vigneron, par une fatalité
locale, si rare par-tout ailleurs, enfin, des
gelées meurtrières que notre position au nord
des pyrénées & au midi de la France, anticipe
souvent en automne, avant les vendanges, &
retarde au printemps, jusques à la naissance
des bourgeons, & qui, par-là tantôt détruisent le raisin, & tantôt ruinent la vigne,
& en rendent le produit infiniment pré-
caire : voilà les fléaux affreux qui dévastent le
plus beau pays de la nature, & qui, ajoutés à
l'impôt, le rendent encore plus accablant.

A ne considérer que son étendue, on ne
pourroit lui refuser la prérogative de former
un département dont Tarbes seroit le chef-
lieu.

On compte quinze grandes lieues de France,
de 3000 toises chacune, depuis Gavarnie, qui
fait l'extrémité méridionale du Bigorre, jusques aux portes de Maubourguet, qui en font
l'extrémité septentrionale. On compte encore
au moins six grandes lieues de France, dans

la largeur moyenne du Bigorre, de l'orient
au couchant.

Or, en réduisant ces grandes lieues en lieues
moyennes de 2400 toises, qui sont celles dont
parle le décret relatif à la division du royaume,
on voit que le Bigorre a en lieues moyennes une
longueur de 18 ¼ sur 7 ¾ : il contient donc en
surface 143 lieues quarrées & un quart : c'est-
à-dire, qu'il équivaut à un quarré parfait, dont
chaque côté seroit de douze lieues moyennes.

Je conviens que cette étendue seroit insuf-
fisante pour un département de grandeur or-
dinaire, si on n'y faisoit aucune addition : car
il s'en faudroit de 36 lieues quarrées qu'il formât
la moitié d'un département.

Mais il faut convenir aussi que cette contrée
est trop étendue pour ne former qu'une partie
d'un département étranger ; car elle seule for-
meroit exactement quatre districts composés
chacun de six lieues moyennes sur six, c'est-
à-dire, de 36 lieues quarrées.

Dans ces circonstances, il n'est pas douteux
qu'il convient infiniment plus de faire de ce
pays-là un département dont Tarbes soit le
chef-lieu, que d'en faire quatre districts d'un
département, dont le chef-lieu soit une ville
étrangère au Bigorre dans son état présent.

En faisant du Bigorre un département, avec

quelques additions , rien ne fera plus aifé que
d'y former des diftricts. Les villes de Tarbes,
de Vic , de Bagneres & de Lourde , font placées de manière à être des chef-lieux de dif-
trict , comme néceffaires.

On ne parle point ici d'autres villes placées
de manière à être tout naturellement les chefs-
lieux des diftricts qui pourront être faits dans
le département de Bigorre , par certaines additions de terrein , ou par la diftribution du
territoire actuel ; je me ferai , en ce point ,
comme dans tous les autres , un devoir de
mettre fous les yeux du comité & de l'affem-
blée , le vœu de mes commettans fur ces localités , quand le temps en fera venu.

La grande population du pays de Bigorre
ne doit pas moins contribuer que fon étendue
à lui affurer la dignité d'être un des départemens du royaume.

Cette population eft de 120,000 habitans
dans une efpace de 141 lieues quarrées ; ce
premier apperçu annonce déja une population
très-preffée. Pour en juger encore d'une autre
manière , pofons pour fait certain que le Bigorre a 280 paroiffes non comprifes les annexes ;
& que ces paroiffes font des villes , des bourgs ,
ou des villages confidérables ; or 280 communautés notables d'habitans , répandues fur une

surface de 144 lieues quarrées, n'occupent chacune l'une dans l'autre qu'un territoire d'une
demi-lieue, & très-peu de chose en sus, ce
ne sera même qu'une demi-lieue en y com-
prenant les annexes, ce qui prouve tout à la
fois, la grande population du pays, & la fer-
tilité de son sol.

Si cette population exige qu'on fasse du
Bigorre un département, au moyen de certaines
additions de terrein, elle exige à plus forte
raison qu'on conserve à sa capitale son évêché, son chapitre, son séminaire, son collège
& une cour judiciaire nombreuse. Dépouiller
de ces grands accessoires cette charmante ville,
ce seroit la réduire à un état d'humiliation,
de misère & d'anéantissement qui mettroit les
habitans au désespoir; ce seroit outrager par ces
traitemens iniques la nature qui l'a comblée de
ses faveurs, & qui semble l'avoir destinée à
être le chef-lieu d'un très-vaste territoire; ce
seroit rendre ce beau pays victime d'une ré-
volution qui augmente sensiblement le bonheur
de toutes les autres parties du royaume; ce
seroit dégrader, anéantir ce coin délicieux de
la France, quand on en régénère tout le reste,
& faire maudire à ce malheureux peuple des
décrets dont tout le royaume bénit la sagesse,
parce qu'ils ne seroient meurtriers que pour

luis, ce seroit lui donner des regrets amers
& à jamais déchirants d'avoir perdu son ancienne administration ; ce seroit enfin lui faire
détester une époque qui, étant pour toutes les
autres provinces l'époque du bonheur & de la li-
berté, seroit pour lui celle de son avilissement
profond & de son malheur irréparable.

Tant de considérations graves sembloient
ne devoir éprouver aucune sorte de contra-
diction dans la conférence des députés du midi
de la France, le long des Pyrénées, depuis
Bayonne jusqu'à Saint-Girons, y compris les
députés des bailliages d'Auch & de Leytoure ;
mais la plupart de ces députés pleins de zèle
pour l'intérêt de leurs commettans particuliers,
ont opposé une telle résistance aux prétentions
des députés du Bigorre, que si ces derniers
n'avoient réagi de leur côté avec un zèle également énergique, déjà le Bigorre auroit perdu son antique indépendance, & ne serviroit
que de supplément à un des départements
voisins.

Pau revendiquoit ardemment le Bigorre, du
moins, sa plus belle partie.

Leytoure, Auch, se sont défendus du moindre
relâchement en faveur du Bigorre.

Je n'ai celle de dire aux députés d'Auch & de
Leytoure que la cession qu'ils nous feroient d'une

partie de Rivière-Basse, ne seroit de leur part qu'une restitution faite au Bigorre, d'un pays qui en dépendoit autrefois, qui est près de nous, qui est loin de ces deux villes, & qui demande de se réunir à nous. (1)

Je n'ai cessé de représenter aux députés d'Auch en particulier qu'il convenoit d'étendre les limites du Bigorre à l'Orient, de manière à renfermer quelques villages du Pardiac, une partie du Rustaing avec sa capitale, la ville de Trie & quelques environs, d'après le vœu constaté des habitans de ces lieux (2), & que ces petites distractions de quelques lieux voisins de

---

(1) Castelnau & autres lieux de rivière basse sont situés sur la grande route de Tarbes, & à cinq lieux de cette ville; elles sont à huit lieux d'Auch, & plus éloignées encore de Leytoure.

A la localité, qui est toute en faveur de la Bigorre, se joint le vœu exprès des habitans de ce pais; j'ai remis sous les yeux du comité les délibérations des communautés de rivière basse, telles que *Hageder, Labatut, Madiran, Sombrun, Esturac, Lingos, Saint-Annis, Castelnau, Lagrasse, Soubleanse, Cahuzac, Lierre, Villefranque, Sauveterre, Lahitte-Toupière, Goaux, Heres, Belloc, Hechac, Lasteyrres, Vidouze, Caussade & plaisance.*

(2) J'ai remis la délibération de la commune de Trie, qui demande de se réunir au pays de Bigorre, s'il doit former un département.

Tarbes

Tarbes & éloignés d'Auch, ne gêneroient nul-
lement leur département ; ils sont restés inflé-
xibles.

Les députés du Neboufan ont été plus justes ;
ils nous ont fait l'abandon de tout le terrein,
depuis le village de Larroque en delà de Trie,
jusqu'à l'orient de Lanemefan.

J'ai demandé de plus, que l'on réunît au Bigorre les quatre vallées qui en sont voisines, &
qui, par leur situation, par leurs besoins &
par leurs mœurs, en sont des dépendances toutes
naturelles. J'ai rappellé qu'en 1788, M. Necker
avait décidé cette réunion, le Député a répondu
qu'il s'en rapportoit à la décision du comité.

Les députés du Béarn, non-seulement se sont
obstinés à refuser tout changement de limites,
même avec compensation ; mais encore ils ont
insisté plusieurs fois à réunir le Bigorre au
Béarn, en offrant d'alterner avec la ville de
Tarbe pour la tenue des assemblées du département ; ce que j'ai à mon tour refusé constam-
ment & avec obstination, par des motifs impo-
fans tirés des localités, & de l'opposition d'intérêts qu'elles entraînent.

Ces motifs s'offroient en foule, & c'est à peu
près en la manière suivante que je les ai pré-
senté.

Le Bigorre & le Béarn sont deux pays qui de tous les temps ont été soumis à des genres d'administration différens.

Ils sont séparés par des landes immenses & inhabitées, qui n'ont laissé entr'eux aucun de ces rapports de voisin à voisin qui lient les peuples les uns aux autres, & les rendent plus propres à se réunir & à s'amalgamer par le même régime.

Les deux nations sont encore plus séparées par les mœurs, & par une sorte d'antipathie qui rendroit à jamais orageuse toute liaison entr'eux, & sur-tout une liaison de dépendance.

Ces deux pays sont soumis à des loix très-différentes. Le Béarn est régi par ses coutumes; le Bigorre en partie par des coutumes très-différentes, & en grande partie par le droit romain.

C'est encore dans les deux pays une culture toute différente; &, ce qui est plus remarquable, ce sont des intérêts de commerce opposés.

On voit une des preuves de cette opposition d'intérêts dans un octroi considérable, établi par le Béarn sur les vins qui y étoient importés du Bigorre.

Ces voisins jaloux de notre sol, avoient, avant cet octroi, contrarié la culture de nos vignobles, même par des instances mues au conseil du roi.

Quel intérêt le Béarn n'auroit-il pas à faire prévaloir les eaux minérales, récemment connues, à celles du Bigorre, depuis si long-temps célèbres, & à dévier chez eux les étrangers que nos eaux attirent en Bigorre de tous les royaumes d'Europe.

En un mot, la réunion des deux nations dans un même département, donneroit certainement lieu à des répulsions éternelles, mêlées d'effervescence, & peut-être encore d'insurrection.

Ces combats de zèle entre les différens députés, ont fait d'abord naître le projet de ne faire, depuis Bayonne jusqu'à Saint-Girons, que deux départemens, l'un au couchant, dont Pau seroit le chef-lieu, l'autre à l'orient, qui reconnoîtroit pour son chef-lieu la ville de Tarbes & Saint-Gaudens.

Mais, d'une part, les députés de la Soule & de Labour ont invinciblement repoussé toute idée de liaison, & plus encore de dépendance avec le Béarn, même quand on proposeroit d'alterner entre Pau & une de leurs villes pour les assemblées de département. D'autre part, les députés du Couserans, du Cominge & du Néboulan, ont refusé de choisir pour unique chef-lieu de leur département la ville de Tarbes,

comme étant placée à l'extrémité du long territoire dont on ne vouloit faire qu'un département ; & leur opposition eût été la même dans
le projet d'alterner entre Tarbes, Saint-Gaudens
& même Saint-Girons.

On s'est accordé, en conséquence de ces
débats, à regarder comme impraticable la division d'un pays aussi long en deux départemens seulement ; & , à la majorité des voix des
députés dont je viens de parler, en présence
d'un commissaire du comité de constitution, il
a été arrêté que l'assemblée nationale seroit
suppliée de faire, de cette longue bande de
terrein, qui comprend & qui longe les pyren-
nées, depuis Bayonne jusques au comté de
Foix exclusivement, quatre départemens, dont
Bayonne, Pau, Tarbes & Saint-Gaudens seroient
les chefs-lieu.

En conséquence de cette délibération, les
députés du Bigorre supplient l'assemblée nationale d'adopter le plan convenu entre les
députés de cette partie du royaume, & pour
mieux remplir le vœu de leurs commettans,
ils proposent à l'assemblée de completter le
département dont la ville de Tarbes sera le
chef-lieu, pour cela ajouter au nord du Bigorre
la ville de Maubourguet, & le pays de rivière
basse qui en a été anciennement démembré ;

d'ajouter encore à l'Orient les différens lieux dont il a été question plus haut, & dont la ligne de démarcation sera déterminée amiablement entre les parties, par des considérations locales.

Tous ces pays desirent d'être réunis au Bigorre, comme la Bigorre desire de se les attacher.

On convient que ces additions laisseront encore le département du Bigorre un peu au-dessous de la contenance réglée pour chaque département ; mais ces frontières du royaume ont des localités impérieuses, qui rendent nécessaire quelque dérogation aux décrets qui ont fixé la contenance de chaque département & leur nombre dans le royaume.

L'assemblée nationale assurera, par cette condescendance, la satisfaction générale des habitans de cette belle frontière.

Que du moins le Bigorre, quelleque puisse être sa contenance, conserve à jamais, sous le nom de département, son antique indépendance, & la douceur de continuer à ce titre, de s'imposer lui-même & de se gouverner par ses administrateurs particuliers. Si malheureusement cette supplique de ses députés n'avoit point tout le succès qu'ils en espèrent, ils ne sauroient se résoudre à revenir dans

leur patrie, pour y être les témoins, & peut
être les victimes du désespoir que causeroient
à leurs commettans la dégradation & l'aviliss-
sement de cette belle contrée.

A Paris, ce 21 Décembre 1789.

De l'Imp. de BALLARD, rue des Mathurius.